ACADÉMIE DES SCIENCES, BELLES-LET
DE ROUEN

CONFRÉRIES RELIGIEUSES MUSULMANES

ET MARABOUTS

LEUR ÉTAT ET LEUR INFLUENCE EN ALGÉRIE

NOTES SUR LE PANISLAMISME

ET LA

GÉOGRAPHIE ÉQUATORIALE

Par Ernest LAYER

ROUEN

Imprimerie CAGNIARD -:- Léon GY -:- Albert LAINÉ, successeur
Rue des Basnage, 5

—

1916

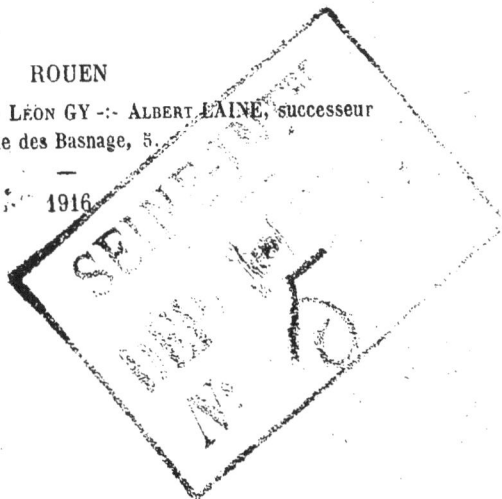

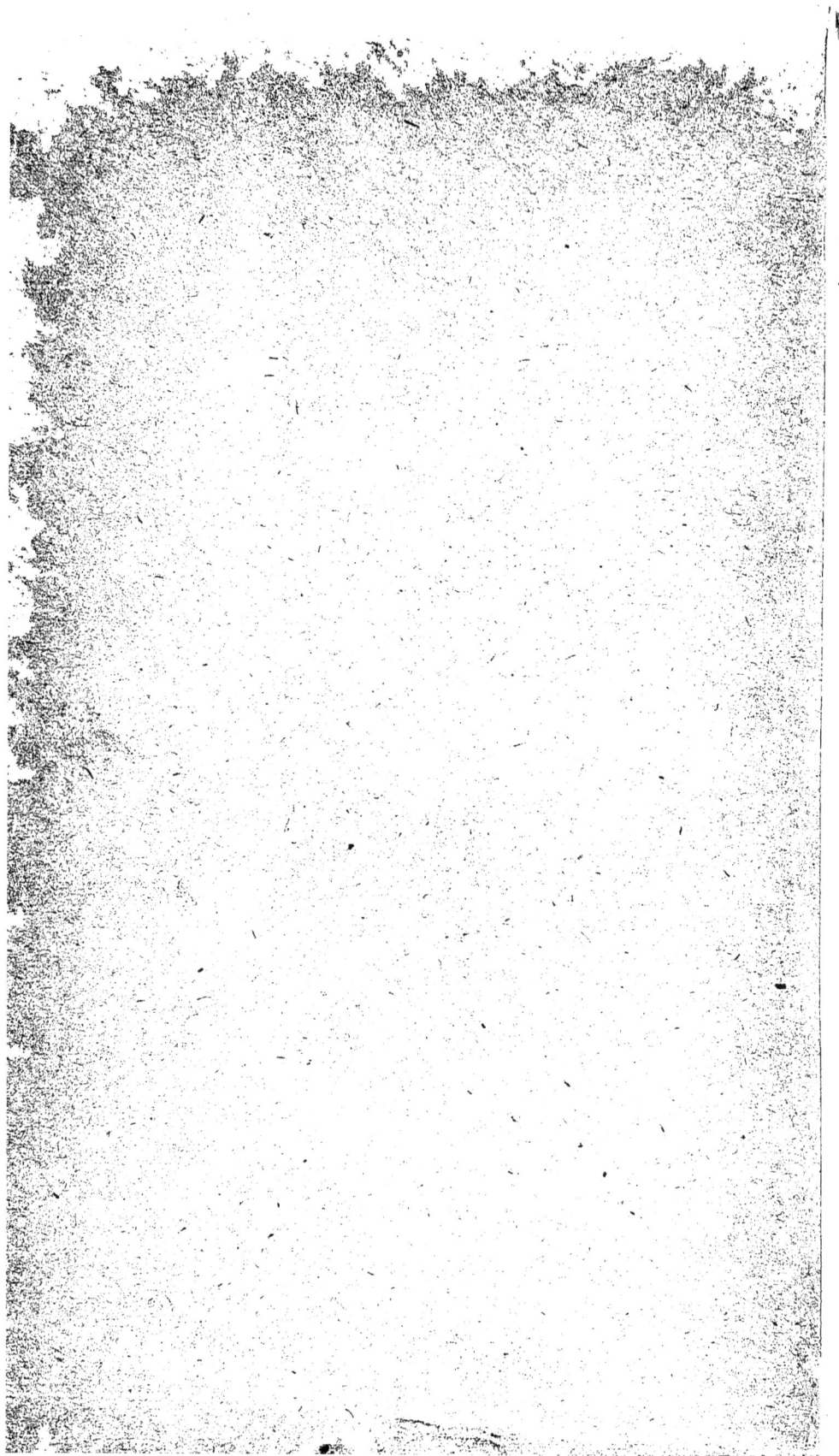

ACADÉMIE DES SCIENCES, BELLES-LETTRES ET ARTS
DE ROUEN

CONFRÉRIES RELIGIEUSES MUSULMANES

ET MARABOUTS

LEUR ÉTAT ET LEUR INFLUENCE EN ALGÉRIE

2480

PAR

Ernest LAYER

ROUEN

Imprimerie CAGNIARD -:- Léon GY -:- Albert LAINÉ, successeur
Rue des Basnage, 5.

—

1916

L'analyse du grand ouvrage de MM. Depont et Coppolani, *Les Confréries religieuses musulmanes*, avait été écrite en 1913.

Dans son impatience d'homme de proie, Guillaume II avait escompté prématurément l'effet de la tentative d'union panislamique inaugurée par son ancien ami Abdul-Hamid. Peut-être aussi s'était-il mépris sur la portée plutôt défensive qu'offensive d'une extension d'influence dont l'effet aurait pu être de maintenir les puissances européennes, possédant des sujets musulmans, dans une politique de ménagements pour la Porte ottomane.

Mais un fait nouveau s'était produit, en contradiction avec l'essai de réhabilitation du Turc, l'oppresseur coutumier, dans le monde de l'Islam, l'avénement des Jeunes-Turcs et la politique anti-coranique des nouveaux amis du Kaiser. Les émules par le sang versé de celui qu'ils avaient détrôné, se trouvaient très opportunément disqualifiés à proclamer la *guerre sainte*. La lutte qui se poursuit si cruellement ne pouvait être pour les *Croyants* que celle d'Infidèles dont la sujétion leur aurait été également importune.

S'ensuit-il que les puissances européennes n'aient pas à se préoccuper de la propagande musulmane poursuivie activement parmi les populations soumises à leur influence, ce serait une erreur de le croire. et nos ennemis ne la commettraient pas.

Les événements dont notre pays et ses alliés subissent si noblement mais si douloureusement l'épreuve, démontrent une fois de plus l'obligation de prévoir et à quel prix peuvent être rachetées les conséquences de l'oubli de ce devoir.

E. L.

CONFRÉRIES RELIGIEUSES MUSULMANES ET MARABOUTS

LEUR ÉTAT ET LEUR INFLUENCE EN ALGÉRIE

Dans un ouvrage de haute portée documentaire, publié sous le patronage de M. Jules Cambon, alors gouverneur général de l'Algérie, *Les Confréries religieuses musulmanes*, MM. Depont et Coppolani ont exposé les origines, les développements de ces associations et la situation qui leur est acquise dans le monde islamique. Les savants auteurs ont, avec un remarquable talent d'exposition, recueilli, résumé et complété par leur apport personnel, les travaux antérieurs d'une pléiade d'érudits, tels que le commandant Rinn, MM. Le Chatelier, Ernest Mercier, Hanoteau et Letourneux.

Ce beau livre, source d'informations à laquelle il a été souvent puisé, rend aisé de prendre conscience d'une situation que le temps n'a pas modifiée; aussi a-t-il conservé un intérêt auquel les événements donnent un caractère de véritable actualité.

I

L'occupation successive par les puissances européennes de territoires considérés comme pays d'Islam, a produit, au cours du dernier siècle, une émotion profonde d'une extrémité à l'autre du monde musulman. Sous l'empire de cette impression, les confréries sont sorties de l'ombre où elles se tenaient; car, suspectes aux califes et aux eulamas, elles avaient subsisté à l'état de sociétés secrètes exerçant une action occulte. Abdul-Hamid avait compris le parti à tirer, pour servir sa politique à l'encontre des puissances européennes possédant des sujets musulmans, du concours, latent sans être ignoré, d'organisations puissantes en possession d'un incontestable prestige; aussi favorisait-il ouvertement les confréries. Grâce à cette attitude nouvelle, les Turcs avaient trouvé, dans le monde musulman qui leur était hostile, un renouveau de sympathie. Le mouvement Jeune-Turc, en froissant les consciences des croyants, vint compromettre au détriment des Ottomans les résultats d'une politique habilement islamique. On ne peut que s'en féliciter,

Deux chiouks (1) directeurs spirituels et temporels de grandes associations faisaient partie de l'entourage du prince et faisaient parvenir ses largesses. L'un de ces personnages, Abou-el-

(1) Pluriel de cheik.

Houda, chef suprême de la confrérie des *Rafaïa*, était conseiller intime du sultan ; il avait dans ses attributions la propagande dans tout l'Orient, avec le concours du grand chérif de la Mecque, membre de sa confrérie. L'autre, le cheik Daffer, directeur de la confrérie des *Madania*, bien placé à la cour, en raison peut-être de son rôle équivoque lors de la fin tragique d'Abdul-Aziz, dirigeait l'action islamique dans l'Afrique septentrionale.

Il est à remarquer que les confréries dont l'action s'exerce dans l'Afrique entière au profit du panislamisme, sont devenues, non seulement dans ce continent mais en Asie, la force effective de l'Islam, alors que Mahomet avait formellement exclu de son œuvre toute organisation monacale. Le prophète avait adapté son culte, tout en le destinant au monde entier, aux besoins des populations nomades de l'Arabie ; s'il avait indiqué les obligations du croyant, prières, aumône, jeûne du Ramadan, pèlerinage à la Mecque, prescriptions hygiéniques, il n'avait institué ni organisation religieuse ni lieux de réunion.

Il ne paraîtrait pas exact d'admettre que l'ascétisme et le mysticisme qui se produisirent ultérieurement parmi les musulmans furent uniquement le résultat du contact avec des religions orientales et des philosophies étrangères. Si la formule *Illaha illa Allah*, il n'y a de *Dieu que Dieu*, avec l'addition : « et Mahomet est son pro-

phète, suffisait pour l'adhésion à la foi et par sa
répétition au salut, le nom donné à la religion
nouvelle *Islam*, signifiait *entier abandon à la
volonté de Dieu.*

Chacun sait les emprunts faits par Mahomet
au christianisme, à ses formules aussi bien
qu'aux préceptes évangéliques. La prière *Fatihah*
est l'équivalent du *Pater*, l'invocation *misericors
et miserator Dominus* a été exactement traduite,
l'obligation de l'aumône c'est la prescription de
la charité. Le spiritualisme, avec aboutissement
sensuel instauré par le Prophète, ne pouvait
exclure des inspirations mystiques en germe
dans le seul énoncé du culte nouveau, aussi bien
que dans toute conception religieuse. Le réfor-
mateur qui « se servira de l'intervention divine
pour justifier ses penchants voluptueux », ne
pouvait, à une autre point de vue, donner à son
œuvre qu'une moralité amoindrie par ses propres faiblesses.

La doctrine recueillie dans le Coran était con-
fuse : les pages du livre venu d'*En haut* avaient
été apportées par Gabriel au jour le jour; aussi
leur inspiration, influencée par les circonstances,
présentait-elle un ensemble cahotique. Il fallut
pour ordonner la loi recourir à la tradition orale ;
ce fut l'œuvre de la *Sonna,* recueil formé de
trois séries de *hadits.*

On recourut d'abord pour recueillir les paroles,
les préceptes du Prophète, les lois orales par

lui indiquées, tous les souvenirs marquant ses sentiments et ses opinions, à la mémoire de ses premiers compagnons et de sa femme *Aïcha*. Au IIe et au IIIe siècles de l'Hégire deux nouvelles séries de hadits vinrent compléter l'œuvre. La *Sonna*, considérée par Chütes, partisans d'Ali, comme apocryphe, ne réalisa pas l'unité, mais elle permit la constitution de quatre sectes dites orthodoxes.

A l'appui de ce travail se trouve jointe la reproduction de quatre arbres dont les rameaux partent d'un même tronc symbolique indiquant la fondation de l'Islam par Dieu, l'ange Gabriel et Mahomet. Ces arbres présentent, avec les indications écrites qui s'y trouvent jointes, le tableau de l'orthodoxie, des hérésies et des confréries musulmanes.

Parallèlement à l'œuvre doctrinale une hiérarchie nécessaire s'était établie, celle *eulamas*, les savants. Les califes gardiens du Livre, occupés des soins temporels, des conquêtes, avaient dû déléguer une partie de leurs pouvoirs à ces fonctionnaires d'ordre théocratique en contact avec les populations.

Aux eulamas revenait le soin d'enseigner et de faire pratiquer *l'immuable* loi reçue d'Allah, mais cet ordre privilégié compromit son prestige par la recherche des richesses et des plaisirs. Le *soufi*, le sage, le pauvre volontaire, vint opposer son orgueilleuse austérité à ces mœurs

PREMIER ARBRE

dont les rameaux représentent les écoles ou *medaheb* qui don-
nèrent naissance aux quatre rites orthodoxes : malakite, hanbalite,
chafaïte et hanafite.

Les écoles ou medaheb étaient au nombre de dix-huit.

faciles et en même temps proclamer, dans des maximes d'un caractère évangélique, le respect dû à l'indigent. Le *soufisme* prit naissance à Bagdad, au contact des religions orientales et de la philosophie alexandrine ; ce n'était pas seulement l'abandon à Dieu, prévu par la loi coranique, mais l'incorporation recherchée de l'homme à l'*Invisible*.

L'adepte, par la pratique d'un ascétisme rigoureux, sous l'influence de l'inspiration mystique, secondée par des moyens physiques toujours en usage et souvent répugnants, arrivait à l'extase.

Le *soufi* devenu l'*onali*, le saint, recevait la *baraka*, l'étincelle divine transmissible par hérédité; elle lui conférait le don de prophétie et celui des miracles.

Vainement des protestations s'élevèrent contre une hérésie constituant une sorte d'idolâtrie; les foules admiraient l'*ouali* comme elles admirent encore le loqueteux inspiré : elles le suivaient dans ses thébaïdes, la légende l'auréolait. On voyait des oiseaux attendre le sommeil d'un personnage vénéré pour le débarrasser des parasites qui le dévoraient.

Avec le dervouich apparut le marabout; mais le mouvement religieux ne devait pas rester individuel. En dépit des eulamas et des califes qui s'étaient vainement opposés aux progrès du soufisme, il aboutit à la constitution de confréries. Le marabout isolé put, après la conquête de

DEUXIÈME ARBRE

Les rameaux de cet arbre figurent les soixante-douze sectes héré-
siarques sorties des huit écoles principales : Chaïa, Kharidjïa,
Mo'tazila-Mordjïa, Nadjaria, Djabrïa, Mochabbia, Nadjïa.

l'Afrique du Nord, travailler efficacement à
l'ismalisation des Berbères vaincus ; la confrérie
ne se borna pas à cette œuvre, elle fit acte de
conquérant. Si étroites que puissent être les
limites imposées à cet exposé, il paraît intéressant de citer textuellement, d'après M. Ernest
Mercier, *Histoire de l'Afrique septentrionale*,
l'exemple de la fondation d'une confrérie, issue
d'une tentative infructueuse d'apostolat. Ce fait
est d'autant mieux à retenir qu'il avait été l'exacte
répétition de la conduite tenue à la Mecque par
Mahomet lui-même.

Vers l'an 427 de l'hégire (1049 de J.-C.), un
soufi réfugié dans la région du Haut-Niger, le
cheik Yahia-Ben-Brahim-el-Kedali entreprit,
secondé par un disciple venu de Kairouan,
A'bdallah-ben-Yacine, la conversion de populations ignorantes adonnées aux mœurs les plus
déréglées. Les deux missionnaires ayant été
repoussés, A'bdallah se disposait à se retirer ;
Yahia le retint : « Si vous voulez posséder la
vie éternelle, lui dit-il, voici ce que je vous pro-
pose : ici il y a une île ; lorsque les eaux qui
l'entourent se seront retirées, nous y pénètre-
rons et y vivrons du produit des arbres et de la
pêche. Nous nous y installerons et nous consa-
crerons au culte de Dieu jusqu'à notre mort. »

A'bdallah accepta et ils se fixèrent dans l'île
avec neuf habitants des Kedala. Ils y édifièrent
un ribat, lieu de prière, plus tard un marabout.

TROISIÈME ARBRE

Cet arbre représente quarante-deux confréries religieuses issues
du soufisme parmi lesquelles les Senoussïa vulgairement dits
Senoussis.

Tel fut le noyau d'une confrérie aux règles puritaines et aux obligations sévères; il fallait pour être admis dans le ribat d'Ibn-Yacine et plus tard dans la confrérie des *Almoravides*, subir un châtiment destiné à laver les souillures passées. Celui qui, par la suite, manquait à l'accomplissement d'un de ses devoirs, encourait des peines corporelles. Chaque péché, chaque manquement aux prescriptions était suivi d'un certain nombre de coups de fouet.

Bientôt le bruit se répandit que Yahia et ses prosélytes agissaient ainsi en vue d'obtenir le paradis, et la foule afflua vers lui.

Lorsque les membres de la confrérie furent au nombre de mille, A'bdallah, après les avoir exhortés à se mettre en garde contre les châtiments du ciel, leur tint ce langage : « Ne croyez-vous pas qu'il soit de notre devoir de combattre ceux qui refuseront de se soumettre à notre doctrine ? »

— « Ordonnez ce qu'il vous plaira, » clamèrent les disciples.

— « Portez-vous donc vers vos tribus et poussez les habitants à se convertir; s'il résistent, nous leur ferons la guerre jusqu'à ce que Dieu décide entre nous. Il est le meilleur juge. »

Il les accompagna dans les tribus. Durant sept jours il exhorta les gens à se convertir, mais comme ils s'obstinaient dans l'erreur, il employa contre eux la force des armes. C'est par les Kedalla qu'il commença la lutte. Il en tua un

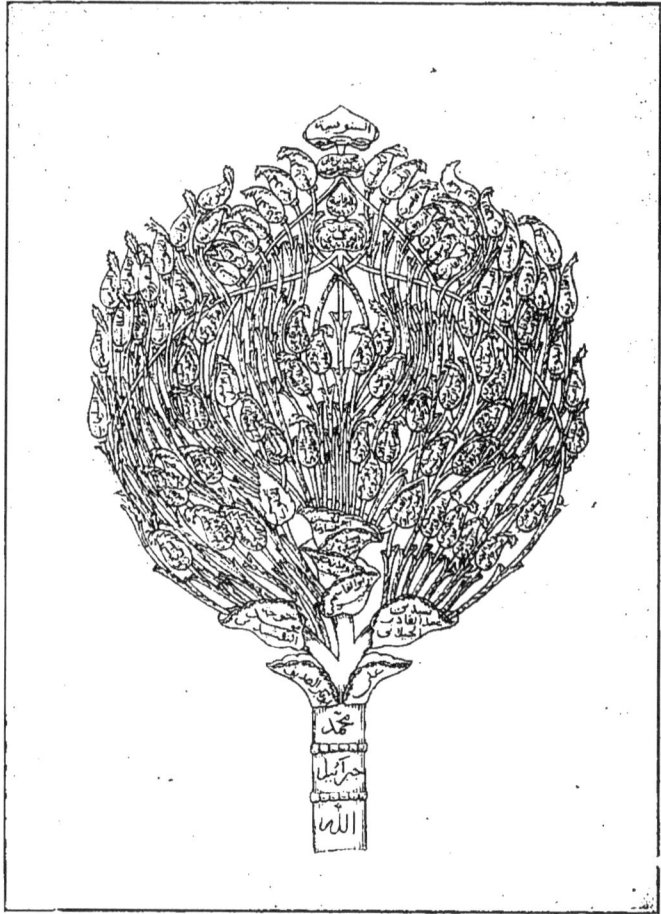

QUATRIÈME ARBRE

portant à la base les noms des Khalifes Ali et Abou-Beker-ès-Sed-
ding, au centre ceux des fondateurs des confréries s'inspirant de
leur enseignement ; enfin ces confréries sont détaillées au sommet.

grand nombre et les survivants durent embrasser l'islamisme.

A'bdallah-ben-Yacine répartit entre ses adeptes le butin pris sur les morts et organisa le *Bit-el-Mal* (biens de l'Etat) sur des bases conformes à l'esprit du Coran et de la Sonna.

Les successeurs du cheik poursuivirent de nouvelles conquêtes sur les Hauts-Plateaux, au Sahara et au Soudan, « prenant toujours la religion pour prétexte et se livrant aux pires excès. » Ibn-Yacine qui avait tenu sous sa tutelle les émirs élus sur sa désignation, mourut en 451 (1059 de J.-C.). Ce saint homme en possesion de la *Karama*, la bénédiction divine, fut enseveli dans une mosquée édifiée sur sa tombe; il était vénéré pour une austérité limitée aux aliments. L'ascétisme soufite confère à ses adeptes les privilèges d'une immoralité sacro-sainte (1).

Telle fut l'origine de la confrérie arabe des *Almoravides* que devait supplanter et détruire la confrérie berbère des *Almohades*, les disciples de l'unité de Dieu professant la doctrine de la prédestination.

Parallèlement aux confréries, pendant que, la conquête accomplie, des dynasties éphémères luttaient entre elles, se constitua une noblesse religieuse, la *Chorfa*, faisant remonter son origine à Fathma-Zora, l'une des filles de Ma-

_____

(1) *Les Confréries religieuses musulmanes*, page 98, texte et note confirmatifs.

homet. Ce fut Idris, le second des petits-fils du
Prophète, qui vint revendiquer dans l'Afrique
septentrionale, avec l'aide d'un de ses frères, la
succession spirituelle et temporelle de l'Envoyé
de Dieu.

La descendance des Idris, en possession, de
par son auteur, de l'étincelle divine, se répandit
de toutes parts et développa à son profit l'influence maraboutique.

Marabouts et directeurs de confréries font à
l'envi, par une chaîne à la fois mystique et généa-
logique, remonter leur origine au Prophète ; les
plus modestes, à quelque personnage considérable de l'Islam. Avec de moindres prétentions le
dervouich, l'illuminé, à l'occasion un fou, continue à jouir de la vénération publique.

II

Ces notions préliminaires recueillies; il importerait de rechercher quelle est l'influence conservée, particulièrement en Algérie, par les marabouts et dervouichs et celle plus grande encore
acquise aux confréries. La hiérarchie officielle
musulmane, religieuse et même judiciaire, dont
les attributions ont été limitées, amoindries, si
l'on veut, jouit de peu d'influence sur ses coreligionnaires, l'investiture lui étant donnée par les
Infidèles.

Le dervouich est ambulant; marabouts et con-

fréries occupent des zaouïas, établissements
tenant à la fois du couvent, de l'école, de l'au-
berge, peut-être plus exactement de l'asile.

Ce qu'il importe de retenir, c'est qu'il n'existe
peut-être pas un indigène dans les campagnes
qui ne soit affilié à une confrérie; or l'affilié
doit une soumission absolue au cheik directeur
de la confrérie, « le représentant, le délégué de
Dieu sur la terre... » C'est Dieu qui commande
par la voix du cheik.

Au-dessous du cheik omnipotent, le *khalifa*,
son lieutenant et coadjuteur, puis le *moquaddem*
dont le rôle est ainsi défini : « sorte de vicaire
cantonal, exécuteur fidèle des instructions que le
cheik lui donne, oralement ou par lettres missives,
son délégué auprès du vulgaire, le vrai propaga-
teur de la *tariqua*, l'âme de la confrérie; tantôt
missionnaire, tantôt directeur d'un couvent; professeur, lettré ou ignorant, il est l'initiateur du
commun qui sollicite son appui ».

C'est un fonctionnaire d'ordre administratif et
religieux, parcourant le pays avec l'allure et
l'autorité d'un chef féodal se rendant chez ses
vassaux.

Au-dessous et au service du moquaddem, le
chaouch, l'émissaire.

Les adhérents portent le nom de *khouan*
(frères). Les femmes peuvent être affiliées et
parvenir même au grade de moquaddem.

« Dans ses relations avec le cheik, le *mourid*

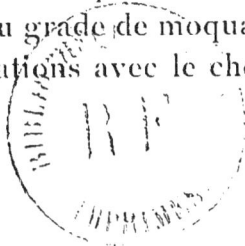

(le disciple sollicitant l'initiation) doit se dé-
pouiller de son libre arbitre et ne disposer de sa
personne et de ses biens que d'après l'avis du
cheik et ses intentions...

Hadj-Ali, cheikh de la Zaouïa Ouzara
et son moqaddem Hamed-ben-Allel de Médéa, en 1896.

« Vis-à-vis du mourid, le cheik est dépositaire
de l'inspiration.

« De même que Gabriel ne s'appropria pas la

révélation, de même le cheik ne s'approprie pas
l'inspiration...

« Le cheik, lorsque Dieu parle par sa bouche,
doit écouter comme s'il était lui-même un des
auditeurs ».

Rien de plus suggestif que les détails donnés
sur la discipline observée sous l'œil du cheik
pour arriver à l'extase : tension d'esprit dans
l'attente du moment « où le souffle de l'esprit
divin viendra visiter l'âme purifiée », invocations
et mouvements rythmés, précipités jusqu'à ce
que l'adepte congestionné roule à terre, en proie
à une vision délicieuse. Qu'il s'agisse des *Qua-
drïa*, ou de confréries issues de leur inspiration,
A'ïssaoua ou autres, les variantes de procédés
plus ou moins brutaux et cruels, aboutissent à
une même conclusion : inspirations célestes aux
extatiques; « ils ont les visions les plus suaves;
les *houris* leur apparaissent resplendissantes de
beauté; les anges leur ouvrent la porte du paradis, etc... »

Comme conclusion d'un exposé simplement
indiqué : « L'école mystique de Sidi A'bdelkader
a produit ses fruits. En ouvrant les horizons du
merveilleux aux fanatiques et aux imposteurs,
elle les a conduits à un mysticisme impur, à
l'impudicité, à l'ivresse de l'hystérie qui se termine souvent par d'effroyables débauches, quand
ce n'est pas par la mort ».

Au nom du Coran et de la Sonna, eulamas et

gens distingués condamnent ces pratiques et ces
mystères qui passionnent les foules, entretien-
nent leur crédulité et provoquent l'admiration
passionnée des femmes. « On ne s'arrête devant
les temples où s'enseignent de pareilles doctrines, qu'avec un frémissement d'horreur, une
crainte mystérieuse des mauvais génies dont on
les croit peuplés ; mais en réalité, crédules et
sceptiques, ignorants ou lettrés s'y prosternent
sans oser se prononcer. Ils adorent en silence ce
qu'ils ne savent comprendre ou s'expliquer ».

Cette attitude contradictoire ne correspondrait-
elle pas à un sentiment intuitif de la concordance,
d'après la doctrine islamique, d'actes inspirés
par l'esprit avec des espérances matérielles ?

Il convient d'indiquer que des confréries, telles
que les *Chadellia*, les *Khelouatia*, et certains
soufis arrivent, par des voies différentes, à
l'anéantissement de l'individualité, à l'absorption
de l'âme dans l'essence de Dieu.

Une très curieuse citation, d'un caractère apo-
calyptique, empruntée à un membre éminent de
l'une de ces congrégations, Cheik Senoussi,
donne un aperçu des doctrines ou des visions des
membres de ces Sociétés plus spiritualistes. La
perfection, est-il indiqué, a sept degrés ; les plus
élevés sont l'extase mystérieuse, l'extase d'ob-
session, enfin la béatitude.

Les zaouïas sont des lieux de pèlerinage ; des
saints y sont inhumés, ainsi que dans les mos-

quées et dans les *koubas,* petites chapelles iso-
lées. Le touriste a rencontré à Alger même, à
Sidi-Okba et autres lieux, des chapelles funéraires soigneusement entretenues dans les édifices religieux. L'hagiographie musulmane est très
développée, un intéressant ouvrage du colonel
Trumelet *(L'Algérie légendaire, En pèlerinage*

ZAOUÏA DE SADI-SALEM

*çà et là aux tombeaux des principaux Thau-
maturges de l'Islam),* porte pour épigraphe :

Visitez les tombes des Saints du Dieu puissant,
Elles sont parées de vêtements parfumés de musc,
Que sillonnent des éclairs d'or pur.

SIDI KHALIL.

La foule, éprise de merveilleux, se rend aux

zaouïas des marabouts et des confréries pour
solliciter des faveurs de toute nature ; les femmes affligées de stérilité, bien dignes de pitié,
affluent. Les dévots font en sorte de se concilier
les hommes de Dieu par leurs libéralités ; ils se
tiennent pour certains que ces inspirés, parfois
des thaumaturges reconnus, peuvent assurer le
succès de leurs desseins, quels qu'ils soient, aussi
bien que faire échouer leurs projets les plus
louables. On voit des gens qui se disent et se
croient peut-être émancipés de toute croyance, ne
pas dédaigner le concours, soit du moquaddem,
soit du dervouich, si pouilleux soit-il, ou ne pas
oser s'en affranchir.

La distribution des amulettes protectrices et
celle des talismans, tracés en caractères indéchif-
frables pour le vulgaire subissant la suggestion
de leur puissance mystérieuse, complètent les
moyens d'influence de la théurgie. Parmi les
légendes attestant le pouvoir des talismans,
aucune n'est plus démonstrative que celle d'un
condamné à mort rencontrant, à Bagdad, un
illustre marabout. Le saint pris de compassion
donne au malheureux le texte sacré qui doit lui
sauver la vie, s'il ne s'en sépare pas. Le jour du
supplice arrivé, le bourreau s'efforce par trois
fois de faire tomber la tête du patient ; le cimeterre ne laisse pas même la trace d'une égrati-
gnure sur le cou. On recherche la cause du pro-
dige ; le talisman découvert, le calife fait grâce au

condamné, et constate, avec beaucoup de jus-
tesse, qu'il avait reçu un don bien précieux.

Les zaouïas avaient été, dans le passé, des
institutions de prévoyance utiles ; on y constituait
des réserves de grains permettant de fournir des
semences à des cultivateurs malheureux ; on y
pratiquait et on y pratique encore la bienfaisance,

ZAOUÏA D'EL-AMICH

mais en même temps on y enseignait la haine
contre les non musulmans.

Les marabouts et confréries avaient la jouis-
sance des biens hobous, fondations pieuses, insti-
tuées pour les besoins du culte et des institutions
charitables.

L'emploi de ces ressources et la distribution

de libéralités, conformes à leur destination, constituaient des moyens d'influence que le Gouvernement français estima nécessaire de faire disparaître.

Contrairement aux conditions de la capitulation d'Alger, les biens hobous furent réunis au domaine de l'Etat, par décrets des 7 décembre 1830 et 3 octobre 1848. Cette mesure a laissé un fâcheux souvenir parmi les indigènes ; on peut croire qu'il eût été préférable, au lieu de contracter un engagement moral, de subvenir aux besoins du culte musulman, de laisser ces biens à leurs propriétaires, en se réservant un droit de contrôle sur leur emploi. Les dirigeants du panislamisme s'autorisant de ce fait et d'autres analogues, accomplis par les gouvernements européens, s'attachent à établir que leurs coreligionnaires ne doivent accorder aucune confiance aux engagements pris par les Infidèles.

L'effet recherché par la confiscation des hobous, mesure aggravée par l'emploi des revenus à de tous autres usages que ceux pour lesquels ils avaient été constitués, n'a en aucune façon diminué le prestige de ceux que l'on voulait atteindre.

L'offrande volontaire, sérieusement réglementée, s'est substituée aux anciens revenus. Il a été admis que les impôts payés au gouvernement des Infidèles sont une charge à laquelle il faut se soumettre jusqu'au jour de la délivrance, mais n'exemptent pas le croyant de la véritable dîme religieuse « réconfortant les âmes, absolvant les méchants, donnant aux vertueux l'espoir des mérites, avec la bénédiction d'Allah, les joies du paradis ».

Les confréries et leurs directeurs deviennent les détenteurs de cette dîme, la *sadaga*. La moyenne des versements serait de dix francs. A cet impôt s'ajoutent les droits d'initiation et d'investiture qui reviennent au cheik suprême. En outre, les croyants font des corvées sans réciprocité pour la culture des terres des chefs religieux. A ces profits viennent se joindre les dons faits aux hommes de Dieu, pour obtenir par leur intercession toutes sortes d'avantages matériels ; c'est la *ziara*.

La comptabilité des zaouïas est orientale, le contrôle lui est importun. D'après les évaluations recueillies par MM. Depont et Coppolani, les recettes annuelles des confréries musulmanes s'élèveraient, en Algérie, à sept millions et demi, et se décomposeraient comme suit :

Produit de la sadaga............	3.000.000 fr.
Droits d'initiation et d'investiture	1.500.000 »
Produit de la ziara.............	3.000.000 »
Total...	7.500.000 fr.

Cette contribution cultuelle est fournie par une population pauvre de quatre millions et demi d'âmes.

3

A l'époque où a été établie cette évaluation, en 1895, les impôts arabes s'étaient élevés à moins de seize millions deux cent mille francs (16.187.092 fr. 90).

Ce rapprochement de chiffres est significatif; il établit quelle est la puissance effective des confréries et marabouts.

L'impôt effectif prélevé, soit par les marabouts, soit par les confréries, se trouve établi, en vertu de l'obligation de la pratique de la charité, car Dieu a dit : « O croyants! faites l'aumône des meilleures choses que vous avez... Le paradis est destiné à ceux qui font l'aumône, dans l'aisance comme dans la gêne... »

Suit à titre d'encouragement l'énumération des attraits, suffisamment connus du paradis, puis vient la menace des châtiments réservés à ceux qui « calomnient les croyants, qui les accusent de vanité à l'occasion d'aumônes surérogatoires ».

Alors même qu'il trouverait la charge lourde, le khouan, sous l'influence de faits suggestifs, n'oserait pas en s'y dérobant courir un risque périlleux, pour ses biens, pour ses femmes ou pour lui-même. Il se console « car il songe au sauveur qui de loin veille à sa destinée, et qui, à l'époque fixée, viendra jeter à la mer l'oppresseur ».

Les principaux personnages pratiquent l'aumône; les zaouïas sont toujours ouvertes aux voyageurs, aux étrangers, aux infirmes, mais le

nombre des zaouïas, petites et grandes, était
seulement de trois cent quarante-sept, et l'on
constatait que les moquaddem et autres digni-
taires étaient légion. On avait aussi remarqué
que chiouks et personnages de moindre importance, agissaient, ce qui est naturel, en bons
pères de famille pour assurer l'avenir des leurs.

III

Ce qui avait justement alarmé le Gouvernement général, c'est qu'aux prélèvements onéreux
faits sur les populations par les confréries, marabouts et dervouichs, venaient s'ajouter des produits de quêtes et d'aumônes, envoyés à l'étran-
ger, au profit de la propagande panislamique,
c'est-à-dire de la lutte déclarée contre les influences européennes. On s'était préoccupé de rechercher et d'expulser les émissaires venus du dehors
pour entretenir, en faisant appel à la générosité de
leurs coreligionnaires, des espérances périlleuses
pour l'ordre public. Rien qui soit plus significatif
que l'ingéniosité déployée par les indigènes pour
se dérober à l'application des règlements ayant
pour objet de protéger leurs propres intérêts.
« N'essayez pas d'interdire la ziara, disait à l'un des
auteurs du livre analysé, un vieil arabe dévot. Si
vous fermez les portes, les croyants sortiront par
les fenêtres et si vous clôturez hermétiquement le
domaine que Dieu a placé sous votre domination,

les douros s'empileront dans la *setla* (la cruche)
enfouie dans la profondeur de la terre, pour
être remis aux destinataires, le jour de la délivrance ».

Le Gouvernement général n'avait pas seulement dû faire obstacle à l'envoi de ressources
recherchées en Algérie ; dans la mesure du pos-
sible, il avait eu à combattre un mouvement
d'émigration en Asie-Mineure, organisé par
un groupe d'Algériens réfugiés à Beyrouth,
et favorisé par Abdul-Hamid. Pour retenir nos
sujets, M. Cambon avait dû demander aux chiouks
de la Mecque, des fetouas, c'est-à-dire des consul-
tations, indiquant dans quelles conditions les
musulmans peuvent demeurer dans des pays
d'Islam soumis aux infidèles. Le maréchal
Bugeaud avait, au cours de la conquête, obtenu
par l'entremise d'un interprète de l'armée, Léon
Roches, une consultation analogue. Ce document
approprié aux circonstances avait eu un effet
utile pour pacifier le pays.

Rien de plus intéressant que d'étudier les fetouas
remises à M. Cambon ; on n'y remarque aucune
dérogation aux principes coraniques, mais seulement la soumission à une fatalité actuelle, un
ajournement envisagé, concession faite au présent dont on ne saurait méconnaître la grande
importance. On devra s'en tenir ici à la fetoua
donnée par le muphti chafaïte de la Mecque,

cette réponse étant analogue à celle des muphtis malékite et hafiniste.

Voici la teneur du document : « Louange à Dieu unique. Que Dieu répande ses bénédictions sur notre seigneur Mohamed...

« Dans les fetouas du savant cheik Mohamed-ben-Sliman-el-Kurdi, l'auteur d'une glose remarquable sur le commentaire d'Ibn-Hadjar, on trouve ceci : Le séjour des musulmans sur un territoire appartenant aux infidèles peut être rangé dans une des quatre catégories suivantes :

« 1° Ou il est obligatoire, tant que les musulmans peuvent se soustraire à l'adoption de la religion des infidèles et *vivre à l'écart*, mais qu'ils n'ont plus aucun secours des musulmans. Ce pays reste *terre d'Islam* tant que les musulmans n'en ont pas émigré; dans ce cas seulement il deviendrait un territoire *en état de guerre ;*

« 2° Ou il est toléré, par exemple, quand les musulmans peuvent professer ouvertement leur religion et qu'ils ont l'espoir *de voir ce pays revenir un jour à leur coreligionnaires ;*

« 3° Ou il est répréhensible, c'est dans le cas où pouvant exercer le culte, *ils n'ont plus aucun espoir de voir le pays revenir aux musulmans;*

« 4° Ou alors, il est absolument interdit, c'est quand les musulmans ne peuvent plus professer ouvertement leur religion... (Ceci et la suite de l'article ne peut s'appliquer à une occupation française).

« Dans le commentaire de El-Djemmah-Il-Rendi sur Midhat-el-Ajouadh, on lit : « Sera terre d'Islam tout pays dont les infidèles auront fait la conquête », c'est-à-dire qu'il y aura lieu de distinguer les catégories énoncées ci-dessus. Ceci répond à la première question qui a été posée.

« Pour la deuxième partie, on doit répondre *qu'il n'est pas obligatoire d'entrer en lutte avec les infidèles puisqu'*on n'est pas capable de le faire avec succès.

« Enfin, pour la troisième question, la réponse à faire est que la *terre d'Islam* ne devient pas en état de guerre par le seul fait de la conquête des infidèles.

« Dieu sait mieux que personne que ceci est exact. »

MM. Depont et Coppolani constataient que le style de ce document est plein de détours, mais ce qu'il énonce c'est le principe d'une soumission de circonstance. C'est en quelque sorte une direction donnée aux confréries, leur permettant d'évoluer au mieux de leurs intérêts immédiats, sans les autoriser à donner une adhésion d'un caractère définitif au fait accompli.

Il est indiqué que « parmi les armes, en apparence inoffensives mais en réalité dangereuses qu'elles (les confréries) emploient, les *risala* ou mandements doivent être cités en première ligne. Les mandements affectent toutes les formes ; tantôt ce sont des proclamations au nom de Dieu,

placées et lancées sous le patronage de saints
musulmans illustres ; tantôt ce sont des exhorta-
tions transmises aux fidèles par l'intermédiaire
d'un pieux personnage, à qui le Prophète les a
révélées dans un moment de béatitude. Le fond
est invariable : *Guerre à l'oppresseur...* »

Le Gouvernement français s'est attaché à se
concilier les confréries; il y a réussi avec certaines d'entre elles.

Plusieurs de ces associations ont rendu de
véritables services pour les occupations saha-
riennes. Le caractère temporisateur des fetouas
obtenues permet aux consciences de composer,
avec une flexibilité orientale, suivant les conve-
nances particulières, influencées par des riva-
lités. L'Angleterre a de vieille date mis à profit
cette situation et pris une influence puissante à la
Mecque et en Arabie.

La soumission à la force n'a pas pour le musulman le caractère humiliant que l'on pourrait
supposer. Ne subit-il pas la volonté d'Allah, l'inévitable *mektoub*? Il a été donné d'observer, au
cours d'une excursion en Kabylie, que l'indigène
restait fier au souvenir d'une lutte glorieuse.
L'expression de ce sentiment de légitime orgueil
se manifestait sans animosité, plutôt avec une
sympathie admirative pour le vainqueur.

L'impression recueillie ne concordait-elle pas
avec l'état d'esprit instauré par le Coran magni-
fiant le sabre ?

Le Prophète n'a-t-il pas écrit :

« Le bien suprême est dans le sabre et à l'ombre du sabre.

« Le sabre est la clef du paradis et de l'enfer, etc. »

A cette courte citation du livre sacré, il serait curieux d'ajouter les commentaires, les litanies des théologiens. L'une de ces invocations se termine ainsi :

« Le Prophète a dit à ses compagnons :

« Si le sabre s'absente, l'Islam s'en va ».

Si l'hostilité latente de certaines confréries, établies sur les territoires soumis à l'influence française, peut être soupçonnée, surveillée et réprimée, il en serait autrement si des congrégations étrangères, telles que les Senoussia, pouvaient étendre leur propagande aux populations de l'Algérie et des colonies africaines.

On peut s'aider du concours des Sociétés religieuses locales, jalouses de conserver leur situation acquise, pour écarter des coreligionnaires trop entreprenants.

Les Turcs s'étaient attachés à se concilier certains descendants de la Chorfa, des membres des confréries *Quadria, A'issoua, Taïbia, Rahmania*, héritiers de la tariqua par leurs aïeux. De même dès les débuts de la conquête le Gouvernement français s'était appliqué à s'attacher des personnages indigènes influents et avait pu obtenir les concours de la confrérie des Tidjania.

Cet ordre religieux, dont le ralliement n'a pas
subi de défaillances, avait fait repousser A'bdel-
Kader par les populations du Sahara quand il
voulut se réfugier chez elles. La même confrérie
devait rendre plus tard les plus grands services
pour l'expansion dans le Sud.

M. Jules Cambon qui avait été frappé de la
puissance des confréries s'était préoccupé de
conquérir les sympathies de certains ordres religieux et d'établir avec eux de profitables relations.

L'éminent gouverneur général avait réussi à
rallier à la cause française les *Oulad-Sidi-Cheik*
qui, après une insurrection de vingt ans commencée en 1864, étaient restés dans une expecta-
tive énigmatique de 1883 à 1891. C'est grâce à
cette politique habile que les chiouk Si-Edden-
ben-Hamza et Si-Hanza-Bou-Bekeur concouru-
rent à la préparation de l'occupation des oasis
touatiennes, nécessaire pour éviter l'encercle-
ment de l'interland de l'Algérie par des populations hostiles et, par conséquent, de nouvelles
insurrections.

Un résultat capital obtenu fut la soumission de
Si-Lala-ben-Bou-Bekeur, après trente ans de
lutte et d'exil. Le nom de ce vieillard de grande
famille maraboutique avait personnifié, dans le
Sahara, la haine du nom français.

Un fait considérable fut, après des relations
intermittentes avec la confrérie des *Taïbia* établie
au Maroc, la venue et le séjour à Alger, à l'occa-

sion des établissements de cette confrérie, du
chérif d'Ouazzan, Si-A'bdessalem-ben-il-Arbi,
et la mission par lui remplie au cours de la visite
de ses zaouïas du Touat. On doit se borner ici à
ces indications en indiquant que les résultats ont
répondu à ce que l'on devait attendre de ces faits
préparatoires, l'attitude des peuplades de l'Algérie depuis cette époque en donne le témoignage.

Un risque que l'on ne saurait éviter c'est celui
des effets des pèlerinages à la Mecque. Il suffit
d'avoir rencontré dans une gare de chemin de
fer des pèlerins revenant de la ville sainte,
d'avoir observé les regards échangés, pour avoir
pénétré l'intensité des sentiments silencieusement
et involontairement trahis devant le roumi.

MM. Depont et Coppolani avaient joint à l'appui de leur exposé de nombreux documents statistiques sur l'état des vingt-trois confréries établies
en Algérie, en même temps qu'en Tunisie et au
Maroc. Les indications recueillies comprenaient
le nombre des zaouïas, celui du personnel et des
initiés.

Les confréries religieuses musulmanes ont été
comparées à une immense toile d'araignée, s'éten-
dant sur l'ensemble du monde islamique : cette
comparaison s'applique trop exactement à l'Algérie, l'importance des ressources fournies à ces
associations par la population indigène le prouve.

IV

Des remarques, faites au cours d'excursions parmi les ruines, aussi bien que celles suggérées par MM. Depont et Coppolani eux-mêmes auront pour effet d'amener quelques divergences de vues, avec celles qu'ils ont exprimées sur les causes de la disparition de la foi chrétienne dans l'Afrique du Nord.

L'église d'Afrique avait été désolée par le schisme donatiste, les hérésies arienne, pélagienne, nestorienne, manichéenne.

Quelque déplorables qu'aient été les luttes survenues à l'occasion de ces erreurs doctrinales, les excès commis entre chrétiens ne purent se comparer aux violences de la conquête arabe. On ne saurait, en conséquence, admettre que l'impression subie successivement par les populations autochtones ait pu, après les avoir éloignées du christianisme, les décider à adopter le culte de Mahomet et surtout amener des fidèles réellement acquis au christianisme à renoncer librement à leur foi.

Les savants auteurs, après avoir indiqué quel était l'état religieux du pays, les masses indigènes étant restées acquises ou revenues à leurs cultes primitifs, exposent comment s'accomplit l'invasion des sémites et l'établissement violent de l'islamisme.

« L'Arabe conquérant faucha tous ces dieux du

tranchant de son cimeterre, en même temps qu'il coupa le nez à celui-ci, le doigt à celui-là, l'oreille à un troisième des chefs des peuplades autochtones, des tribus barbares comme il les appela lui-même ».

On a vu la méthode suivie à la même époque dans le Sud par Yahia-ben-Yacine.

Puis l'Arabe « détruisit les villes, pilla les campagnes ».

On constate que ce fut une « conquête terrible, unique peut-être dans les annales historiques, par les exemples de cruauté et de barbarie qui la caractérisent, mais admirable aussi par le valeureux courage des généraux qui la dirigèrent... Ils firent des prodiges de valeur et accomplirent, en cinquante ans, ce que les Romains n'avaient pu faire en dix siècles.

Vainement les aborigènes guidés par des chefs héroïques, Koceïda, roi de l'Aurès, et la reine Kahina, une Jeanne d'Arc berbère, luttèrent contre les Arabes ; ils furent écrasés. Des berbères se réfugièrent dans les montagnes et surent en interdire l'accès aux envahisseurs.

La civilisation, la prospérité économique, la population urbaine furent anéanties ; une citation empruntée à M. Carette indique quelle fut, après l'invasion pillarde du viie siècle, le caractère de celle du xie siècle :

« Ce nouveau mouvement des Arabes à travers l'Afrique occidentale eut une influence décisive sur la destinée de cette contrée. Ce fut lui qui implanta la tribu arabe en Afrique en y jetant non plus des corps d'armée, mais des flots de population.

« Il se propagea avec lenteur, mais ne recula jamais.

« De siècle en siècle, il est facile de suivre les progrès de cette inondation qui renverse tout, qui dévaste tout, qui ruine tout..... Ce ne sont pas des noms de chefs qui paraissent sur la scène; ce sont des noms de tribus. Elles ne prennent pas les villes pour les soumettre, mais pour les piller et les détruire ; elles n'apportent pas de lois, mais des mœurs nouvelles. Habituées au régime des labours et du parcours, elles renversent tout ce qui fait obstacle au passage des bestiaux et de la charrue, les arbres aussi bien que les murailles......

« Semblables à un liquide qui cherche un niveau, elle s'avancent sans cesse vers l'Océan, leur unique barrière, détruisant sans relâche, anéantissant le travail de dix siècles, recueillant sur leur route des malédictions dont elles se soucient peu, replongeant dans la misère et la barbarie une contrée qui, quelques siècles auparavant, réunissait encore le double prestige de la richesse et de la science ».

Cette citation permet de mettre en doute la légende de la civilisation arabe et d'apprécier combien paraît justifiée l'opinion du commandant

Rinn, partagée par M. Eudel, et d'autres érudits,
tels que ceux cités, à savoir que, s'il y a eu un
art musulman dû au labeur et au génie des populations conquises, il n'y a pas eu d'art arabe. Il
s'est trouvé chez les Arabes des hommes éminents,
mais cette race d'origine pastorale paraît dans sa
généralité s'en être tenue à des mœurs patriar-
cales.

L'islamisation du pays aurait été facilitée par
le consentement des musulmans à une certaine
adaptation de la foi coranique avec les croyances
antiques des populations autochtones, Numides,
Gétules, Berbères. La violence initiale avait
d'ailleurs efficacement préparé la voie à la per-
suasion par le marabout, le dervouich et la confrérie.

<h2 style="text-align:center">V</h2>

A l'appui de ce qui a été dit des conditions
dévastatrices de la conquête arabe, il paraîtrait
de quelqu'intérêt d'ajouter le témoignage impres-
sionnant des ruines visitées. On rencontre parmi
ces lamentables vestiges des indications sur la
situation de l'église chrétienne.

Les villes romaines ont été systématiquement
détruites par les Arabes : c'est une exception unique que la rencontre aux confins du Sahara, à
Timgad, d'une cité antique exhumée dans son
ensemble. L'œuvre de destruction, commencée
par la main de l'homme, poursuivie par l'action

du temps, est demeurée incomplète. Les ruines à
l'abandon ont été protégées à la fois par leur
isolement dans une contrée presque désertique
devenue terre de parcours et par l'amoncellement
des terres et des sables soulevés par le simoun.
L'emplacement de la ville ensevelie demeura
jalonné au cours des siècles par l'arc de triomphe
de Trajan et la saillie de quelques édifices.

Auprès des temples se retrouvent les vestiges
de basiliques, d'un vaste monastère et, presque
intact, un magnifique baptistère remontant à
l'époque byzantine.

On ne saurait retrouver à Tipasa, ville du littoral, à cent kilomètres d'Alger, chantier de
démolitions où, depuis des siècles, les générations
successives se sont pourvues de matériaux, un
ensemble attesté autrement que par des vestiges
épars. Par contre, on a la bonne fortune de ren-
contrer sur l'emplacement de la cité anéantie de
considérables vestiges, donnant le témoignage
archéologique, confirmé par des indications historiques, du triomphe du christianisme dans
l'Afrique romaine aux ive et ve siècles de notre ère.

Vainement, allèguerait-on à l'encontre de ce
qui va être exposé la disparition complète de la
foi chrétienne de l'Afrique du Nord. Cette disparition est consécutive à celles des villes, à la dis-
persion de leurs populations.

Il importerait de remarquer qu'il résulterait des

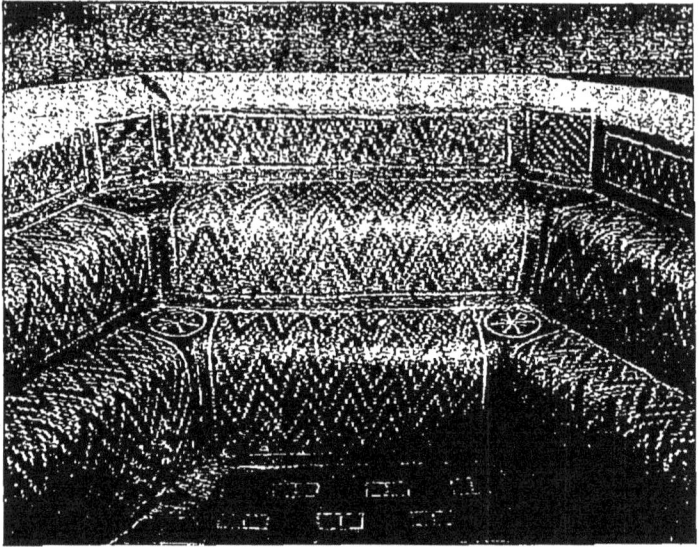

BAPTISTÈRE DE TIMGAD

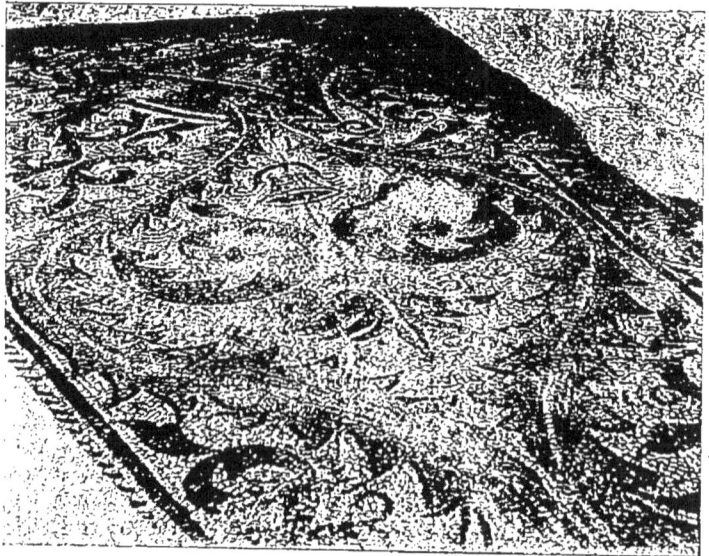

DALLAGE DU BAPTISTÈRE

indications recueillies par les historiens que
Rome exerçait plutôt un pouvoir de surface sur
les populations soumises et qu'elle ne s'était pas
assimilé les masses profondes. On pourrait supposer qu'il en fut de même de la religion chrétienne dont l'expansion dans les campagnes et
surtout dans les montagnes, insoumises au joug
romain, devait être progressive et tout d'abord
superficielle. L'organisation en paroisses telle
que nous la connaissons, n'existait pas à cette
époque, tout au moins en Afrique. Le grand
nombre des évêques ne doit pas faire illusion, si
l'on tient compte que l'enseignement et la prédi-
cation leur étaient exclusivement réservés dans
cette province. Les évêques, d'après une tradition, se trouvaient seuls investis de la mission
confiée aux apôtres par Jésus-Christ; aussi quand
l'évêque d'Hippone chargea saint Augustin, alors
simple prêtre, de le suppléer dans la chaire, y
eut-il un mouvement d'opposition soulevé contre
cette innovation.

L'anéantissement ou l'exode de la population
urbaine acquise à la civilisation romaine et à la
foi chrétienne, par le fait même de la ruine économique, explique le succès de la propagande
musulmane qui n'a pas, comme en Orient, rencontré des groupes de populations autonomes
que le Turc reconnaissait, se réservant à leur
égard le profit d'une exploitation oppressive.

Il advint qu'en dehors d'objets qui pouvaient

présenter un caractère quelque peu banal, hormis l'intérêt de détails particuliers, les villes romaines étant constituées d'invariables éléments, on s'est trouvé amené à prendre, grâce à d'excellents guides, un aperçu historique à l'aide de l'archéologie.

Tipasa était, à l'époque de sa plus grande prospérité, une ville d'importance secondaire, située à courte distance de Césarée, la Cherchell moderne, capitale de la Mauritanie césarienne; c'était une cité commerciale, favorisée par sa situation au point de vue économique. Une route tracée entre les contreforts de deux montagnes conduisait et conduit à l'extrémité de la vallée de la Mitidja et ouvrait dès lors l'accès sur toutes les voies de l'intérieur. Le village actuel est situé face à la mer, sur un versant en pente douce, au pied d'une colline adossée aux contreforts verdoyants de la montagne; il se trouve au fond d'une baie bornée à chacune de ses extrémités par un massif montagneux. C'est le site pittoresque d'une résidence estivale fraîche et salubre; aussi rencontre-t-on quelques hôtels, la plupart modestes, constituant la principale industrie de l'humble localité. Il y a bien l'embarquement des fûts de vin provenant des grands domaines créés dans le voisinage, mais le développement du trafic est gêné par l'irrégularité inévitable des chargements. Le port, simple abri de barques de

pêche, n'est pas accessible aux navires; les
vapeurs côtiers peuvent seulement, par temps
calme, accoster une jetée.

A l'époque romaine, l'inconvénient existait,
dans des conditions qui l'atténuaient. Un port,
plutôt un abri pour les navires, avait été aménagé
en avant de la colline de l'Est, plus tard sur-
montée de la basilique de Sainte-Salsa. Quand le
temps le permettait, les navires, médiocrement
protégés dans ce refuge exposé à tous les vents,
venaient prendre ou déposer les chargements
contre un quai, dont on reconnaît les traces.
Nonobstant ces inconvénients, grâce à l'heureuse
situation de la ville, les historiens attestent qu'au
ve siècle le mouvement de transit était considérable. Le port de refuge a disparu, après la chute
des dominations romaine et byzantine et la ruine
agricole qui les avait suivies. Là, comme ailleurs,
les oliviers qui constituaient la richesse du pays
avaient été détruits. La Tipasa antique s'était
élevée d'abord sur la colline de l'Ouest, excel-
lente position défensive, puis elle s'était progres-
sivement étendue au pied de ce massif; son
enceinte s'étendait au delà de l'emplacement du
village européen actuel.

Bien que l'objet de ce travail soit plutôt historique qu'archéologique, il ne conviendrait pas
de négliger les glanes recueillies sous la conduite
du distingué curé de Tipasa, M. l'abbé Dubosq,

un Normand. Le touriste hâtif doit beaucoup à
un pareil guide, aussi bien qu'à l'excellent
ouvrage, dans sa forme concise, de M. Stéphane
Gsell (1). Faute d'avoir été dirigé par le vénérable ecclésiastique, on n'aurait su reconnaître
les sentiers ménagés dans la brousse; à défaut
des indications données par le savant érudit, il
eût été impossible de mettre à profit des souvenirs confusément recueillis parmi des ruines que
la végétation s'efforce de dérober aux recherches,
ruines que, de temps à autre, à leur point ex-
trême, l'effort des lames, minant la falaise, entraîne
dans le gouffre.

Il convient de s'arrêter, tout d'abord, dans le
parc gracieusement ouvert aux visiteurs par la
famille Trémaux, possesseur d'un domaine de
2.500 hectares, enclavant l'ensemble des ruines de
la cité. A la limite de ce jardin se dresse, à demi-
conservée, l'arcade imposante de thermes dont
les restes ont été transformés en magasins.

Parmi les objets exposés, fûts de colonnes,
chapiteaux, moulins à huile, rappelant l'industrie
disparue de la Tipasa romaine, on remarque
plusieurs sarcophages. L'un d'eux, orné de sculp-
tures grossières représentant les saisons, est exposé sans abri aux intempéries; deux autres sont

(1) *Guide archéologique des environs d'Alger (Cherchel, Tipasa, tombeau de la chrétienne)*, par Stéphane Gsell, professeur à
l'Ecole supérieure des lettres d'Alger. (Alger, librairie Adolphe
Jourdan.) Orthographe officielle, rectifiée par M. Gsell : *Tipaza.*

protégés par des toitures. Un de ces sarcophages représente sur la face un mariage romain, ainsi décrit par M. Gsell : « L'un des compartiments du milieu représente un mariage. Les époux, en costume romain, se donnent la main, et le mari tient un rouleau de papyrus sur lequel doit être écrit le contrat.....

SARCOPHAGE PAÏEN DU IIe SIÈCLE
Un Mariage.

« Par derrière apparaît la déesse qui préside aux mariages, Junon, dont la tête est ceinte d'un diadème, et qui pose la main sur les épaules des époux ; en avant, l'Hyménée, sous la forme d'un petit amour ailé, tient une torche ; enfin de chaque côté un jeune parent ou ami assiste à l'union. — Dans le compartiment voisin, le mari en cos-

tume militaire accomplit un acte religieux; il
fait sur un autel portatif une libation à laquelle
sa femme assiste ». Puis, dans les compartiments
extrêmes, Castor et Pollux.

L'autre sarcophage, sorti de la même chambre
funéraire, représente le Christ sous les traits du

SARCOPHAGE CHRÉTIEN
Le Bon Pasteur.

Bon-Pasteur portant sur ses épaules la brebis
retrouvée; deux brebis fidèles lèvent les yeux
vers lui. Aux angles du monument, les lions
dévorent une gazelle, sans doute par allégorie à
l'action du démon ici-bas.

On rencontre encore dans ce parc les ruines du
Nympheum, la grande fontaine publique.

En gravissant le versant de la colline Ouest et
presqu'au bord de la falaise, on trouve l'emplacement d'un édifice qui devait, si l'on s'en tient
aux sujets des mosaïques découvertes, être tout
d'abord un temple païen, transformé peut-être en
église chrétienne. Un avis donné par M. l'abbé
Dubosq permit d'arriver à temps pour reconnaître ces mosaïques, au moment même où les
ouvriers allaient les recouvrir de la préparation
nécessaire pour les enlever et les transporter
dans un musée.

Grâce au plan dressé par M. Gsell, on sait que
la grande basilique chrétienne de Tipasa, cons-
truite vraisemblablement au IVe siècle, sur la
colline nommée par les Arabes *Ras-el-Knissa*, le
cap de l'église, avait cinquante-deux mètres de
long sur quarante-cinq de large; elle était située
près du rempart de la ville. L'édifice était divisé
en sept nefs, la nef centrale était large de treize
mètres cinquante centimètres, dallée en mosaïques. Sur l'emplacement du baptistère on trouve
le puits qui fournissait l'eau pour la cérémonie,
et le bassin dans lequel descendait le catéchu-
mène.

En quittant la basilique, on gagne le cimetière
chrétien de l'Ouest; la visite de cette nécropole
est très intéressante. Il existait des caveaux, les
uns creusés dans le sol, les autres dans les parois
du roc, fermés par une pierre en guise de porte,
rappelant le tombeau offert par Joseph d'Ari-

mathie pour la sépulture du Sauveur. Il existait aussi des monuments funéraires, édifiés au-dessus du sol ; l'un d'eux, de forme demi-circulaire, est particulièrement intéressant. Dans cet édicule, comme dans les caveaux, le nombre des cuves sépulcrales en pierre, formant cercueil, recouvertes d'une dalle scellée, excédait le nombre

NYMPHEUM
Grande fontaine publique.

prévu dans la disposition primitivement adoptée. En outre, beaucoup de sépultures demeuraient en plein air. On a remarqué en parcourant un sentier dallé que l'on apercevait, par des interstices entre les pierres. des chambres funéraires que la curiosité de la postérité n'a pas encore profanées.

A la suite du cimetière, M. Gsell signale
l'église de l'évêque Alexandre, et prend soin
d'indiquer que la découverte, faite en 1892, avait
été due à M. l'abbé Saint-Géraud. Cette église
avait trois nefs; elle comportait neuf tombeaux
et un autel disparu. M. Gsell donne le texte
d'inscriptions actuellement couvertes de terre,

NÉCROPOLE CHRÉTIENNE
Arcosolium, tombes creusées dans le roc.

ayant pour objet, soit la construction de l'édifice
par l'évêque Alexandre, soit l'épitaphe de ce
prélat révéré.

Grâce à l'heureuse pensée de M. l'abbé Dubosq
qui a décoré le chœur et l'autel de son église, en
reproduisant partiellement les diverses mosaïques existant dans les ruines, on peut sans fatigue

et sans peine, prendre un aperçu de ces dallages, difficiles à reconnaître sur place où ils apparaissent à peine, ternis par la poussière, à demi-couverts de terre. M. le Curé a complété son intéressante reconstitution par la reproduction d'inscriptions d'un véritable intérêt épigraphique.

Sur la colline de l'Est s'élevait l'église de Sainte-Salsa et un second cimetière chrétien dont les nombreuses sépultures sont analogues à celles de la nécropole de l'Ouest.

D'après un manuscrit d'un tipasien, retrouvé, dit-il, à la Bibliothèque nationale par un savant jésuite, M. Gsell analyse, comme nous le ferons d'après lui, l'histoire de la jeune martyre, devenue la patronne de Tipasa.

Salsa, à peine âgée de douze ans, était chrétienne; elle fut conduite malgré elle, par ses parents demeurés païens, à une fête donnée en l'honneur d'une idole. Indignée des scènes auxquelles elle avait été tenue d'assister, la jeune fille, animée du zèle pieux, si magnifiquement compris et exprimé par notre grand Corneille, profitant du sommeil de la foule païenne, vaincue par la fatigue et succombant à l'ivresse, réussit à précipiter à la mer la tête de l'idole. Encouragée par ce premier succès, Salsa réussit à pousser dans le gouffre le corps même, mais le bruit de la chute tira les gardiens de leur sommeil; ils se jetèrent, avec la populace fanatique, sur l'enfant héroïque, la couvrirent d'injures et de coups, la percèrent de leurs épées et, après l'avoir mise à mort, jetèrent son corps à la mer. Les meurtriers voulaient priver de sépulture les restes de leur victime, mais les vagues les portèrent dans le port. Un certain Saturninus, venant des Gaules, y jetait l'ancre par temps calme, mais une violente tempête s'éleva et mit le vaisseau en danger. Saturninus reçoit, pendant son sommeil, l'ordre de recueillir le corps de la martyre se trouvant sous son navire. Réveillé, il croit à un songe menteur et ne tient pas compte de l'avertissement; la tempête redouble, l'avertissement est renouvelé et seulement à la troisième fois, quand tout espoir de salut est perdu, Saturninus se décide à plonger à la mer. Aussitôt sa main, guidée par Dieu, touche la ceinture de la martyre; il prend dans ses bras le corps et reparaît à la surface, « rapportant du sein des flots cette précieuse perle du Christ ».

Bien que l'acte accompli par Salsa fût contraire à la disciple de l'Eglise, la jeune héroïne reçut le titre de martyre et devint la patronne de la cité. Il est à remarquer qu'à l'époque où cet événement survint, vraisemblablement pendant le règne de Constantin, au moment où on pouvait dire que le paganisme n'était plus que la religion de ceux qui n'en avaient aucune, les chrétiens étaient peu nombreux encore à Tipasa. Au contraire, on trouve à la fin du quatrième siècle la population tout entière de cette ville fermement attachée à la foi catholique.

Une basilique fut élevée en l'honneur de la sainte, et M. Gsell relève cette curieuse particularité : la conservation dans cet édifice de la sépulture d'une païenne, riche et vénérable ma-

RUINES
de la basilique de Sainte-Salsa.

trone de soixante-trois ans, Fabia Salsa, parente sans doute de la jeune sainte, la communauté de nom donnant lieu de le supposer. L'église ayant été édifiée sur l'emplacement d'un cimetière païen, cette tombe aurait été respectée précisément en raison du lien de parenté entre la défunte et la martyre.

Le cimetière chrétien établi près de la basilique était très vaste ; les fidèles aimaient à cette époque, comme beaucoup de personnes pieuses l'aiment encore aujourd'hui, à être inhumées dans un lieu consacré à une dévotion spéciale.

On sait la crise subie par l'église d'Afrique, par suite du schisme donatiste provoqué, sous le couvert d'un zèle affecté, par l'orgueil d'une femme riche, blessée dans son amour-propre par un reproche encouru à l'occasion de pratiques superstitieuses, par des ambitions ecclésiastiques, et plus encore peut-être par la cause profonde de haines puniques traditionnellement conservées contre la domination de Rome. Ce qui confirmerait cette dernière remarque, c'est que le centre de l'agitation se trouva à la limite de la province, à Thimugadi, aujourd'hui Timgad, et dans la région.

Dans un important ouvrage, M. Ferrère (1), trouvant des éléments de certitude historique en suivant pas à pas l'œuvre de saint Augustin, a donné l'exposé magistral de cette question. Lors de la persécution de Dioclétien, cet empereur, las de verser le sang et voulant anéantir la tradition chrétienne, avait enjoint aux fidèles de livrer les livres liturgiques et tout ce qui se rattachait au

(1) *La situation religieuse de l'Afrique romaine depuis la fin du IVe siècle jusqu'à l'invasion des Vandales* (429), par F. Ferrère, docteur ès lettres.

culte. Un certain nombre d'évêques avaient eu la
faiblesse de déférer à cet ordre ; ils avaient été,
ainsi que ceux qui s'étaient rendus complices de
leurs actes, flétris du nom de traditeurs.

L'élection régulière de Cécilien comme évêque
de Carthage devint, au début du quatrième
siècle, l'occasion du schisme donatiste, sous prétexte que le sacre du nouveau prélat aurait été
fait par un consécrateur ayant été traditeur, ce
qui ne fut jamais établi. Le schisme produisait
ses effets au moment même de l'avènement de
Constantin. Ce prince désireux d'établir la paci-
fication religieuse s'attacha à ramener la paix en
Afrique. Mais de même qu'une sentence du pape
Melchiade pleine de modération, les décisions
d'un concile réuni à Arles ne purent amener la
soumission des instigateurs de la scission. Ces
révoltés, condamnés par toutes les juridictions
auxquelles ils avaient fait appel, recherchèrent,
comme tous leurs imitateurs, les pires alliances ;
ils provoquèrent le mouvement agraire des Cir-
concellions. Impuissants à arrêter les hordes
sauvages qu'ils avaient soulevées, les donatistes
furent réduits à s'unir aux catholiques pour
obtenir la répression de leurs misérables alliés.

Tipasa, ville absolument acquise aux mœurs
latines, associée par ses intérêts à la paix romaine,
comme pourrait l'être de nos jours une ville
du littoral algérien à la civilisation française,
demeura fermement attachée à la cause catho-

lique. Vainement, sous Julien, deux évêques donatistes furent-ils installés à Tipasa par le gouverneur de la province, les habitants résistèrent à toutes les suggestions et à toutes les violences. Les Tipasiens étaient d'ailleurs gens énergiques, tandis que Césarée et Icosium, les grandes villes de la province, avaient été prises et pillées par Firmus, chef d'une révolte indigène, ils surent défendre leur ville contre les rebelles; aussi devint-elle le quartier général de Théodose venu rétablir le pouvoir impérial dans la région.

Est-ce sous l'influence de la sainte patronne que la modeste cité devait donner de si beaux exemples de fidélité religieuse ? On le pourrait croire. M. Ferrère indique que si les édits des empereurs chrétiens avaient favorisé les conversions, parfois intéressées, beaucoup de néophytes avaient conservé les mœurs et les superstitions païennes. C'est ainsi qu'après avoir invoqué le Christ, ceux qui n'avaient pas obtenu les grâces ou faveurs sollicitées, se rendaient aux autels de la déesse Cœlestis, la Tanit punique.

La constance dans la foi des Tipasiens devait être mise à une épreuve plus rude encore, quand, après la conquête des Vandales, en 484, le roi Hunéric, abolissant la foi catholique dans ses États, voulut leur imposer l'hérésie arienne. La population prit le parti d'émigrer en Espagne; les malheureux qui n'avaient pu trouver place sur les vaisseaux, résistant aux obsessions de l'évêque arien, furent dénoncés par lui. Le tyran entra dans une violente colère, il envoya un de ses officiers à Tipasa avec l'ordre de convoquer sur la place publique des délégations de toute la province (c'était le régime de la terreur), d'y amener les rebelles et de leur couper la langue et la main droite.

Ainsi fut fait. « Mais », ajoute l'écrivain contemporain, auquel, dit M. Gsell, nous devons ce récit, « le Saint Esprit assista ces malheureux, ils continuèrent à parler, ils parlent encore aujourd'hui comme ils parlaient auparavant. Et si l'on ne veut pas me croire, que l'on aille à Constantinople et l'on verra l'un d'eux, le sous-diacre Reparatus qui s'exprime parfaitement et sans la moindre peine. Pour cette raison, il jouit des grands égards dans le palais de l'empereur Zénon, et l'impératrice surtout le considère avec respect ».

Après ce fait mémorable, mentionné dans une ordonnance de Justinien, Tipasa n'eut plus d'histoire ; la ville put subsister péniblement au cours des évènements qui marquèrent la chute de la domination romaine et byzantine. Des Maures expulsés d'Espagne tentèrent de s'y établir, ils furent comme leurs devanciers victimes de l'anarchie et chassés par les indigènes voisins, les montagnards kabyles, ces Berbères que ne purent soumettre ni Romains, ni Arabes, ni Turcs.

La disparition de la foi chrétienne ne fut pas immédiate. Au xiiᵉ siècle, au commencement du xiiiᵉ, il existait encore des évêchés au Maroc et à Tlemcem. M. Victor Piquet constate dans un important ouvrage : *Les Civilisations de l'Afrique du Nord,* qu'à la suite d'une reprise de la prépondérance des Berbères, « une renaissance de la tolérance religieuse coïncida avec la disparition de l'influence des Arabes descendants des premiers conquérants.

« Le christianisme, à cette époque, avait encore laissé des traces en Ifrika, et les souverains musulmans toléraient les chrétiens ou du moins ne les persécutaient pas : on comptait encore cinq évêques en fonctions. La première capitale des Hammadites, El-Calâa, était en grande partie peuplée de Berbères chrétiens; la tolérance des princes de cette famille fut d'ailleurs caractéristique. Au xiᵉ siècle, on les voit entrer en relations avec le Saint-Siège, pour attirer en Berbérie les commerçants chrétiens. En-Nacer consulté par le pape Grégoire VII sur la nomination d'un titulaire à l'évêché de Bône, lui adresse de riches présents et lui renvoie tous les chrétiens d'origine européenne capturés sur mer ».

VI

Il résulterait de cette citation qu'il ne conviendrait en aucune façon d'établir une distinction

5

entre le fanatisme des Arabes et celui des Turcs,
que les Berbères seuls, faiblement islamisés, ont
été susceptibles de tolérance. Si l'on s'en tenait
au présent, peut-être pourrait-on espérer lutter
avec plus de succès contre les influences hostiles,
entrevoir un rapprochement plus prochain avec
la population kabyle, jalouse surtout de fran-
chises municipales, qu'avec d'autres éléments
indigènes, d'origines, d'aptitudes et d'aspirations
différentes.

Il conviendrait, pour ne pas faire obstacle à
un résultat si désirable, de ne pas suggérer des
griefs aux indigènes, de ne pas s'attacher à justifier, en quelque sorte pour eux, cette expression
ridicule d'*oppresseur* dont on use à peine dans
l'ombre, pour entretenir la haine contre le pouvoir des Infidèles. On veut ignorer, de parti pris,
quel était l'état de la Régence, soumise après
l'anarchie arabe, à l'oligarchie turque quand, il y
a moins d'un siècle, l'armée française occupa
Alger. Grâce aux divisions incessantes entre les
tribus, habilement entretenues et soigneusement
exploitées, vingt mille Turcs dominaient le pays
et le razziaient chaque année. A ce régime de
ruine économique, de misère pillarde, la conquête française s'est appliquée à substituer l'ordre ;
à l'anarchie, au dénuement a succédé une pau-
vreté laborieuse, donnant accès au bien-être.
Grâce aux efforts combinés du Gouvernement et
de l'initiative privée, de la colonisation, l'Afrique

du Nord française a trouvé un renouveau de l'ancienne prospérité. Mieux vaudrait constater, dans l'intérêt même des indigènes, les résultats obtenus que d'user de procédés de dénigrement inconsidéré. Que tout dans les procédés de l'occupation française, publique et privée, ait été, soit ou puisse devenir parfait, personne ne saurait le penser ou le croire. L'imperfection et l'erreur sont choses humaines, mais ce que l'on doit savoir, c'est établir la comparaison entre le passé et le présent en aspirant au mieux. C'est en négligeant cette comparaison que les promoteurs d'un dénigrement systématique, s'attaquant même aux produits du sol (1), se faisaient les complices inconscients ou l'écho des intrigues allemandes. On sait à quel point nos ennemis convoitaient notre Afrique du Nord, sans préjudice de nos autres colonies ; on sait quelles propositions furent faites au Gouvernement anglais et avec quelle indignation méprisante il les repoussa. Les gens avertis n'ignoraient pas les menées particulièrement

---

(1) Relevant la comparaison malveillante faite dans le *Temps* (n° du 31 janvier 1914) entre les mandarines et oranges algériennes et celles d'Espagne, M. Brunel, directeur de l'Agriculture à Alger, constatait que, d'après les statistiques douanières, les mandarines de l'Algérie se vendaient en France 30 francs les 100 kilogrammes et les oranges 20 francs, et les mêmes produits importés d'Espagne 28 et 15 francs, nonobstant l'éloge dithyrambique dont ils étaient l'objet.

La supériorité de prix accordée aux envois de l'Algérie se trouvait en contradiction avec l'infériorité de qualité qui leur était attribuée.

actives qui avaient été faites en Kabylie, aussi
se demandait-on avec une inquiétude justifiée, au
moment de l'agression teutonne, quelle influence
ces manœuvres occultes auraient exercé sur la
mentalité indigène. Les craintes que l'on avait pu
concevoir ne se sont pas réalisées. Que quelque
émotion ait pu se produire, le fait ne saurait sur-
prendre, mais les enrôlements, moyennant une
prime modérée, se sont faits avec succès. A vrai
dire, les événements tels qu'ils se sont présentés
dès 1914, ne seraient pas de nature à encourager
les aspirations, les espérances hostiles. Les
croyants n'aspireraient pas à changer de maîtres,
mais à n'en plus avoir.

Si on envisage l'œuvre accomplie par la France,
en moins d'un siècle, dans l'ancienne régence, on
la peut comparer à celle de Rome, dépassée
même pour les voies de communications, des
routes ayant été ouvertes, particulièrement en
Kabylie, sur des points où n'avaient pas été établies de voies romaines.

Le Gouvernement français, dès les débuts de
l'occupation, s'était préoccupé de lutter, par la
création d'un Mont-de-Piété à Alger, contre un
fléau subi par la population indigène, l'usure.

Ce n'est pas à l'Européen que peut être imputé
ce genre d'exploitation et pas seulement au Juif,
mais aussi au Kabyle, au Mozabite.

A qui sont imputables les pires abus adminis-
tratifs sinon à des indigènes investis de fonctions

publiques, protégés contre la répression par le silence obstiné de leurs victimes ?

Il est bon d'indiquer les institutions établies dans l'intérêt des sujets algériens : Sociétés de prévoyance indigènes, Caisses régionales agricoles, Bureaux de bienfaisance musulmans, infirmeries indigènes, hôpitaux, diffusion de l'enseignement en pays arabe et kabyle, perfectionnement de l'outillage agricole, recherche et utilisation de la main-d'œuvre, construction de routes et de voies ferrées, assainissement des régions insalubres. Pourrait-on oublier les forages des puits artésiens de la région saharienne qui, au dire du géographe Brunhes, auraient suffi, par l'éminence du bienfait, à la gloire de l'œuvre poursuivie en Algérie.

A la colonisation est dû l'apport appréciable de cent soixante millions de salaires et celui non moins précieux d'un exemple qui a notamment déterminé des milliers d'indigènes à adopter la charrue française.

Dans un débat parlementaire, on a indiqué un fait significatif : quinze mille hectares de forêts avaient été incendiés, et les actes de malveillance avaient été exclusivement dirigés contre des bois appartenant à l'Etat. Les propriétés privées n'avaient subi aucune atteinte. La conséquence à tirer de cet exemple, c'est que, dans la défense nécessaire des arbres contre l'Arabe, leur ennemi inconscient, le colon sait et peut user de ménagements, au mieux de ses intérêts, ce qu'il n'est pas loisible de faire aux agents de l'Administration forestière, nécessairement assujettis à des règlements. De ce fait et de beaucoup d'observations analogues, il résulterait que les rapports d'employeurs et d'employés sont, en Algérie comme ailleurs, tout différents de ceux qu'il est facile d'indiquer en trempant la plume dans un encrier voisin du fauteuil.

On perd de vue, en étudiant le problème de la rencontre des races, en recherchant le moyen de les unir dans un même concept de la vie avec la base unique des intérêts matériels, que l'homme ne vit pas seulement de pain. Pour esquiver les difficultés de solution du problème Nord-Africain, certains ont voulu les envisager comme exclusivement ou principalement d'ordre politique; ils ont perdu de vue que le Christ seul avait institué la distinction entre le spirituel et le temporel, attribuant à César ce qui est à César et à Dieu ce qui est à Dieu. Mahomet s'en est tenu à l'inspiration humaine; tous les pouvoirs ont été confondus par lui dans une même main, car, suivant une comparaison imagée, le fourreau du Prophète ne pouvait contenir deux sabres.

Le petit nombre des naturalisations demandées par des musulmans met en relief l'obstacle, opposé par les mœurs, au rapprochement de deux civilisations d'origine différente. L'indigène qui adopte, en devenant Français, un nouveau statut

personnel paraît, aux yeux de ses coreligionnaires, se séparer d'eux.

Dans leur beau livre, MM. Depont et Coppolani
ont, en donnant un remarquable exposé du redou-
table problème panislamique, joint aux mérites
de l'érudit ceux du lettré. Il advient même au
lecteur intéressé de subir un attrait nouveau
quand les publicistes empruntent, en s'arrêtant
aux scènes de la vie rurale indigène, l'inspiration
du poète, le coloris du peintre. Mais quelque soit
le tableau présenté, baigné de discrète ou d'écla-
tante lumière, l'art demeure documentaire. C'est
un rappel, un reflet immatériel du passé sur le
présent, qu'il s'agisse de la prière de l'Arabe,
debout sur la colline, silhouette éclairée par les
premiers rayons du jour, ou du pèlerinage de la
femme jeune ou vieille, parée de bijoux ou cou-
verte de guenilles, portant une humble offrande,
avec ses espoirs, à la *mzara*, l'amas de pierres
séculaire, le primitif autel (1).

Les débats parlementaires relatifs à la légis-
lation de l'Indigénat ont mis en relief, avec des
aperçus différents d'aspect, mais concordants,
les difficultés d'une situation qu'il convient de

(1) Attrayante et suggestive est la description de l'arrivée, for-
tuitement observée, d'un moquaddem dans un douar. Il suffit à cet
émissaire, un inconnu, d'adresser au groupe accroupi le salut rituel
au nom d'Allah pour qu'à l'apathie languissante succède une exci-
tation, soudaine manifestation des ardeurs de passions masquées
sous le flegme habituel. C'est le péril révélé des eaux dormantes
déguisant des profondeurs perfides.

reconnaître, telle qu'elle se présente, en s'efforçant de l'atténuer successivement. C'est à l'aide d'une bienveillance continue, mais sans faiblesse, de bienfaits économiques, que l'on pourra, en usant de patience, faire apprécier les avantages réciproques d'une union sincère avec la France.

Honorablement représentés, comme ils le sont en fait et en droit, dans les corps élus : Conseils municipaux et généraux, délégations financières, ce Parlement administratif réglant le budget de l'Algérie, les Indigènes ne sauraient être considérés comme des opprimés, tenus dans un état d'infériorité méprisante que rien ne justifierait.

La France a donné, elle saura prodiguer les biens dont elle dispose : la justice équitable, le bien-être, la sécurité, mais avec ces éléments, si précieux soient-ils, il ne lui appartient pas de constituer, sur les rives de la Méditerranée, un nouveau Canada. La nouvelle France transatlantique était née de traditions qui lui demeurent sacrées, et, nonobstant une séparation nominale, la tiennent unie, par l'âme et le cœur, à la patrie dont elle conserve la foi.

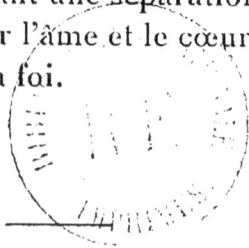